laboratório de incertezas

Wesley Correia

laboratório de incertezas

Copyright © 2020 Editora Malê Todos os direitos reservados.
ISBN: 978-85-92736-65-1

Capa: Bruno Francisco Pimentel
Editoração: Mauro Siqueira
Editor: Vagner Amaro
Revisão: Léia Coelho

Texto revisado segundo o novo Acordo Ortográfico da Língua Portuguesa.
Proibida a reprodução, no todo, ou em parte, através de quaisquer meios.

Dados internacionais de catalogação na publicação (CIP)
Vagner Amaro CRB-7/5224

C824l   Correia, Wesley
        laboratório de incertezas: poesia / Wesley Correia.
       – Rio de Janeiro: Malê, 2020.
       148 p.; 21 cm.
       ISBN: 978-85-92736-65-1

       1. Poesia brasileira II. Título
                                       CDD – B869.1

Índice para catálogo sistemático: Poesia brasileira B869.1

Todos os direitos reservados à Malê Editora e Produtora Cultural Ltda.
www.editoramale.com.br
contato@editoramale.com.br
2020

Para L. A. M.

Não tolero o magistrado
Que do brio descuidado
Vende a lei, trai a justiça
– faz a todos injustiça –
Com rigor deprime o pobre
Presta abrigo ao rico, ao nobre
E só acha horrendo crime
No mendigo que deprime.

Luiz Gama – *Quem sou eu?*

Sumário

Nota do autor 13

I. laboratório de incertezas 21
Teu homem 23
Corpo morto de meu pai 25
O Verbo usurpado 27
Minhas filhas 29
atravessamentos de um homem-vento 33
Imaginário 35
Sobrevida 37
Questão de vala 39
Oração 41
Galope 42
Existenciar-se 43
Penitência 44
Ode ao amor cruel 45
Estudo sobre café 46
Rupestre 47

II. Íntimo Vesúvio **49**

Prólogo à 1ª edição 51
Eduardo 53
Duplo 55
Íntimo Vesúvio 57
Alujá 58
O mistério da Avenca 59
Despedida 60
Cruz das Almas 61
A filha de Zélia 63
A mulher mais bela 64
Feliz Natal 65
Memória do sol 66
Lua em peixes 67
Painho, Mainha 68
Ela 69
Poema perdido 79
Vida 80
Labirinto 81
Moira 82
Camila 83
Noite 84
Poemeto II 85
Estética 86
Pleno 87
Dentro 88
Questão 89
Sonho 91

III. Deus é negro 93
Gratidão 95
O coração de Oxun 97
Roncó 99
Capoeiragem 100
Batuque 101
Poema do preto irmão 102
Noturno 103
Sim 104
África atemporal 105
Exu não é o diabo, não 106
Negrada 107
Plural 109
Mistério 110
O Velho 111

IV. Pausa para um beijo 113
Prólogo à 1ª edição 115
Do mistério 117
Lâmina ardente 118
Arrebatamento 119
Sentença 120
Saber do milagre 122
Matemática 124
Sete pecados 125
Paixão 126
Quando eu sorri, por um momento 127
Infinito 128

Finíssima 129
Poema da segunda-feira 130
Poema da segunda noite 131
Da artesã 132
Alter face 133
Da rua e do sonho 135
Do nascimento 136
Teatro 137
Pausa para um beijo 138
Ânimo 140
Palimpsesto 141
Da esperança 142
Aviso 143
Aviso II 144
De volta à palavra 145
Recomeço 146
É dado amar 147

Nota do autor

> *as experiências que um monitor de*
> *literatura apreende são outras que*
> *um tintureiro jamais desejará são*
> *experiências como as de um girassol*
> *e uma cantora protegida da morte*
> *mas são as experiências muito comuns*
> *de passar a limpo um pensamento*
>
> *o passar no tempo com pensamento*
>
> Edimilson de Almeida Pereira

O processo de criação poética não é tão romântico como faz parecer o imaginário, porquanto requeira, da parte de quem escreve, uma doação quase integral à experiência psicofísica, além da coragem para se olhar no espelho, para escutar os sussurros da voz profunda e se lançar ao desafio de observar o seu tempo, o que, às vezes, passa ao largo de uma contemplação agradável.

Por outro lado, há que considerar, na sequência desse gozo inicial, a dimensão laboral do processo, porque, uma vez que os filamentos do inconsciente encontrem sua primeira materialidade na forma do verso, ele iniciará sua fase artesanal, principiada pela observação atenta à superfície do poema, com o objetivo de promover o desestranhamento da protomanifestação. A isso, seguirão outras etapas: o refinamento da matéria bruta, a retirada de excessos e aparagem das arestas, o torno, a modelagem, até que, finalmente, o verso receba lixamento e verniz, de modo a aproximar o organismo físico, originário deste processo, à forma ideal. Mas tal é a distância entre a ideia e a sua realização material, que o poema resulta em figuração caótica aos olhos de quem o escreve, tornando-se uma forma eternamente inacabada. Com efeito, um poema não se conclui, mas em dada altura será preciso forjar o seu encerramento, com a ilusão de uma pausa definitiva, para que a recepção torne-se possível.

Trata-se de operação extenuante — a de escrever poemas — e com certo grau de angústia, posto que ao fim das sucessivas releituras e reescritas, tantas quantas as obrigue a insegurança de quem escreve, o texto parecerá sintomaticamente quimérico, tendo em vista que, no seu conjunto, desejo e forma não se mostram capazes de alcançar a convergência desejada, a necessidade de sentido acaba por suplantar uma parte significativa da beleza, e o fenômeno tende a reduzir-se a uma intenção ou a algo que apenas margeia o sonho genuíno (onde reside o primeiro impulso criativo), não sendo capaz de vertê-lo em matéria, de forma satisfatória.

No entanto, este resultado, ainda que frequentemente condenável, é capaz de devassar em público quem escreve, a ponto de lhe expor as vísceras numa acintosa dissecação íntima, que se oferta nas prateleiras de livrarias e bibliotecas, nos vigorosos saraus, no recôndito de quartos e banheiros, ou em qualquer outro espaço onde o poema venha a ganhar cena. De natureza insólita, enigmática e pantanosa, o poema pode comover, e, não raro, comove, sem que haja para isso uma razão pura e simples ou uma explicação mais palatável, considerando-se que a identificação de outrem com aquele se dê em níveis inconscientes, principalmente.

Dessa perspectiva ambígua é que trata a presente nota, em seu início, quando relativiza a ingênua glamourização da criação poética a fim de evidenciar o malabarismo árduo que a envolve, embora a ideia, aqui, não seja colocar a discussão em um plano maniqueísta, como a querer lhe atribuir este ou aquele juízo de valor, senão voltar o olhar à dimensão mais subjetiva do processo criativo. Nesse sentido, é possível considerar que o grande paradoxo da escrita de poemas diz respeito, sobretudo, à frugalidade da linguagem diante da necessidade de conferir à transcendência um corpo no mundo tátil. Em outras palavras, arvorar-se em dizer o indizível pode ser perturbador.

Esta breve reflexão preambular nasce tanto da tentativa de partilhar junto a leitoras e leitores um pouco do meu sentimento em relação ao fazer poético quanto da necessidade de introduzir alguns dos aspectos elementares (a saber, metalinguagem e uma boa dose de pessimismo) que figuram na presente coletânea, composta de uma seleção feita por mim, a partir dos poemas que publiquei entre 2006 e 2019, e de outros, inéditos, até aqui.

Optei por trazer os títulos em ordem decrescente, a considerar os anos em que foram publicados. O critério, pessoal, está ligado a um princípio que se opera, há algum tempo, em quase todos os campos da minha vida: consiste em tomar o presente, o hoje, o agora como possibilidade inequívoca de aprimoramento e, portanto, de desenvolvimento subjetivo. Isso não significa desconsiderar a força afetiva das efemérides ou a importância de conjecturar o porvir. Ao contrário, o que desejo ao adotar tal princípio é não estar atormentado pela culpa do que passou, tampouco cair na armadilha da mera pressuposição de um futuro perfeito, como se algum de nós tivesse qualquer controle sobre o tempo. A ideia é considerar a vida, que ganha sentido no instante mesmo em que se revela, qual uma flor num canteiro que só passa a existir a partir do momento em que meus olhos a observam.

Esta coletânea se inaugura com a seção "laboratório de incertezas", que lhe dá título, e se constitui de alguns poemas inéditos bem como de outros que foram publicados em revistas e antologias literárias, e que circularam tanto em formato impresso quanto digital. Reuni-los em um único livro é como tirá-los de certa dispersão, dotando-os de um lugar presentificado e forjando para eles qualquer nível de unidade. Trazem, em comum, meu olhar sensível para o tempo e para os eventos, na tentativa de lhes conferir uma dimensão mais plástica e rítmica por meio da palavra lançada à superfície da página em branco, urdindo assim a carne do poema. Penso que atribuir significantes ao universo em que estou inscrito seja marca recorrente nos meus livros. Faço-o de forma quase compulsiva ao falar, refletir, amar, escrever, cantar e viver, ainda que, em um ou outro título, a presença de um determinado tema esteja eventualmente mais perceptível. Parece-me haver a tendência, entre poetas, em querer classificar seu trabalho mais recente como portador de um apuramento maior; comigo não é diferente. Mas temo que isso não seja muito honesto com as produções anteriores, haja vista trazerem consigo a forma que melhor lhes coube no tempo em que foram escritas.

Na segunda seção, "Íntimo Vesúvio", livro que publiquei ao final de 2017, selecionei alguns poemas segundo a carga dramática, quase narrativa, que suscitam, sensivelmente influenciados pelo lirismo discursivo, que marcou a produção poética em meados do século XX, no Brasil e no mundo, e que se mantém com força considerável nos dias atuais. Em geral, os escolhidos voltam-se à tônica da obra, subsidiando uma ambiência propícia ao conceito (ou à tentativa de) por meio de imagens através das quais o cotidiano é vertido para a linguagem. O título do livro é impulsionado pela cena da erupção vulcânica, devastadora da vida real, em Pompeia e Herculano, no ano de 79 d.C., e, ao mesmo tempo, eternizadora de inquietantes conformações que somente a iminência da morte é capaz de gerar. Este episódio, a impermanência que salta da natureza para interditar a própria natureza, me soa como metáfora das suspensões que marcam a nossa existência. Dito de outro modo, cada indivíduo leva consigo seu tanto de hiatos, de paixões empalhadas, de sombras e cinzas, de eterno recomeço; cada indivíduo é um interrogativo vulcão particular, simultaneamente inofensivo e pronto para expelir a lava fervente. Mais importante do que esses aspectos, porém, é saber que o magma em brasa representa a manifestação profunda do Òrìṣà que reina em meu Orí, o velho Obàlúwàiyé, a quem peço Àgò e tomo a bênção. Atóto!

A terceira seção, intitulada "Deus é Negro", compõe-se de poemas extraídos do livro homônimo, publicado no ano de 2013. Costumo dizer que esta obra foi criada por mim e inseminada pelo falo de Èṣù, porque tenho cada vez mais convicção de que a suplementa uma energia endógena e ancestral, que é, ao mesmo instante, circunferência e linha reta, avanço e recuo, dia e noite, singular e plural, morte e vida, positivo e negativo, opostos fundidos um no outro, de maneira que o meu papel enquanto escritor deste livro passou a ser o de alguém que, em transe, permitiu ao vento falar através de sua boca. Tendo o hoje, o ontem, o amanhã e o sempre, processados em um só Tempo, o livro remete a aspectos religiosos dos cultos de matriz africana no Brasil, pelo fato de estar ligado à minha iniciação no candomblé, na região do Recôncavo Baiano. Foi um livro que escrevi para mim, como uma espécie de "caderno de campo", sem pensar em publicá-lo, inicialmente. Por outro lado, "Deus é Negro" realizou uma autonomia radical: cruzou fronteiras e, sem que eu movesse uma palha para isso, seus poemas, de súbito, apareceram traduzidos para o inglês e para o romeno, figuraram em provas de vestibular, ganharam versões musicais, mobilizaram a produção de trabalhos audiovisuais e se constituíram como objeto de análise em pesquisas acadêmicas, conquistando novos públicos.

A quarta e última seção é "Pausa para um Beijo", meu primeiro livro, publicado em 2006. Experimentação, talvez, seja um bom termo para qualificar os poemas dessa fase. Já havia o impulso discursivo, o desejo de apreender a substância das coisas e a tentativa de expressá-la por via da representação visual, em grande medida influenciada pela escola concretista brasileira, características que se mantiveram nos livros seguintes. Vejo "Pausa para um Beijo" como algo inacabado, o bramir que não pôde ser contido, a primeira faísca que foi acendendo as chamas abrigadas em meu espírito. Para além do seu amadorismo, sinto haver nesse livro uma força libertária, uma ousadia de principiante, um desprendimento sem o qual o poema não se torna possível. Curioso é que, na época, o escrevi, dos 22 aos 24 anos, sob o heterônimo de Amanda Ferreira Cruz, dona de casa, esposa de um comerciante e mãe de quatro filhos. Forjei para esta personagem um nome que conjugasse a condição daquele a quem o amor circunscreve, o esmero ao verbo e o sentido de expiação devocional que a criação poética resguarda. De tal modo livres, os poemas nasceram do contato afetivo dessa mulher com os sujeitos e elementos do seu universo existencial (o marido, a família, a cozinha, a igreja, o piano...), mas subvertiam todas essas referências numa verve inconformada e, por extensão, revolucionária em relação à mediocridade da vida prática. O livro mereceu, à época, a Menção Honrosa Carlos Drummond de Andrade, concedida pelo jornal *Tribuna Feirense*. Logo depois, percebi que os poemas nada tinham daquela Amanda Ferreira Cruz: em verdade, falavam das ilusões que eu fui capaz de criar num simulacro brutal para sobreviver em meio a tantas desilusões. Projeção das minhas crenças e fantasmas, os poemas me desnudavam, e eu estava inteiro neles. Foi quando, lançando fora o subterfúgio desnecessário, decidi assinar ortonimamente o livro e, então, me declarar poeta, pela primeira vez, embora Poeta, eu sinta que jamais serei.

    Operei mudanças, poucas, contundentes e mais relativas à forma, em alguns poemas para que figurassem melhor, sobretudo nos que extraí do primeiro livro. A linguagem foi atualizada em relação ao Acordo Ortográfico, de 2016, e um termo ou outro suprimido/alterado, em razão de falhas nas impressões originais. Portanto, esta coletânea pode ser considerada como uma edição revisada pelo autor. Importante ressaltar que o esforço se deu no sentido de dispor o melhor resultado possível às leitoras e aos leitores, a quem o livro encontrará.

    Espero que *laboratório de incertezas* seja capaz de provocar a imaginação, o espírito e a emoção de quem o tiver em mãos, porque promover a desordem, abalar as seguranças e romper com a previsibilidade dos esquemas organizacionais são recursos didáticos da poesia; é o método de que a metáfora se vale para nos ensinar suas lições definitivas. É certo que essa implosão sistêmica ocorra como possibilidade de trazer novos contornos ao pensamento e à própria vida. Assim é que tenho me movido: com energia intuitiva, sempre atento aos sinais do universo e atravessado pelo cântico das paixões. Sou mesmo uma espécie de homem-vento, que se dispõe a tocar, feito um pêndulo regular, a carne do mito e a matéria real. Se pelo menos um único poema, entre os que se apresentam neste livro, puder afetar a sensibilidade de quem o lê, estará cumprida a sua missão.

Em tempo, agradecer à coordenação executiva da Editora Malê pela recepção carinhosa à minha produção literária, e fazer votos de êxito e longevidade aos seus projetos editoriais, que empreendem a necessária divulgação e ampliação das literaturas de autoria negra do Brasil.

Com estima,

Wesley Correia

I.
laboratório de incertezas

Um poema me invade e nada me resta
senão o silêncio branco da página
que é o negativo de escrever.

Mas, no alto das brumas novas,
onde as nuvens se fazem brancas
como a página virgem
não há mais consolo
neste inferno que é a palavra.

Todo corpo de artista é também uma espécie
de inferno.
Zumbe o mundo em brasas na cabeça do poeta.

A mim,
me sangra é entre os dedos da sapatilha,
e minhas mãos flanam no alto,
na contraluz do palco,
desta cena em que eu sou vista.

Lívia Natália – *Filosofia da Composição*

Teu homem

Teu homem não virá.
A melodia que, há pouco,
semeaste pelos sulcos de tua pele,
enquanto, aflito, tentavas te limpar
        de ti mesmo,
        não brotará,
        mas restará, seca,
no fundo das mãos vazias, quedará num
canto do cômodo rarefeito,
e a partitura, então ininteligível,
        se executará
        no adverso da regência.

Teu homem não virá.
Do desejo que imprimiste às ervas aromáticas,
do amor-quase-morte com que,
devotamente, temperaste
  o peixe para o jantar, permanecerá,
tão somente,
  o espasmo de uma premeditação,
    o sintoma de uma precipitação,
      a réstia de uma palpitação,
        uma deletéria ilusão,
        e uma excitação,
que nunca tarda em dissipar-se.

            Teu homem não virá.
Recolhe, pois, os pratos, os sapatos,
         os gatos, os gastos.
Recolhe tuas ânsias, teu querer bem,
      tua boca ardente a morder
    a carne improvável da alegria,
        recolhe-a, também.
E recolhe teu pelo eriçado,
os teus arfares, ai, os teus arfares,
recolhe-os todos!,
e recolhe-te, enfim, a ti mesmo,
quando a chuva, tua confidente,
vier anunciar a noite comprida.

            Teu homem não virá.
Nem hoje
    nem amanhã
        nem depois.
Ama-te, por fim, e sê tu teu próprio homem,
e escandaliza-te com as seivas
de teu corpo transbordante, e ria-se da entrega, e
beije-te a boca, e envolve-te no teu próprio
abraço, e aquece-te no teu calor,
    e goza contigo, que teu homem aí está.

Corpo morto de meu pai

sobre o corpo morto de meu pai,
os lapsos desintegraram
e a consciência se elevou diáfana
na tarde de um domingo sem fim.

tão imorredouro era o corpo sem vida,
tão farto o sangue na carne insepulta,
que nem o fluxo do soro estancava
no íntimo das veias jazidas
nem a bexiga morta deixava de mijar.

tão esfuziante era o corpo morto
na rubra intimidade a apodrecer,
que as paixões mais assombrosas
do mundo desejaram nele se abrigar:

suplantado o indefinível hiato político,
o preço do gás,
o vigor dos verbos guardados,
o ranger das portas,
o cão mudo com fome,
as provas de amor,

superados a lágrima e o riso,
o preságio,
o sintoma de beleza distante,
e o "como vai?"
a fulgurar na manhã vulgar.

somente a humanidade incauta
que exalou do corpo morto de meu pai
é o que é para sempre.

O Verbo usurpado

Reaver o Verbo usurpado,
moldá-lo
com mãos de poesia,
promovê-lo uterino
e no vinco do seu afeto mais íntimo
depositar a luz de teus resíduos.

Devassar o Verbo usurpado,
lamber-lhe a boca
de muitos mistérios,
mordê-lo no gozo
e a ele se fundir
como que a tecer liberdades.

Mirar o Verbo usurpado,
plantar na sua paisagem inóspita
um outro horizonte,
feito do revés do silêncio
de quando arrancaram tua língua.

Desanuviar o Verbo usurpado,
expulsá-lo da espessa garganta,
prenhe de desejos,
e contemplar a ranhura
que seus pés dançantes realizam
na roda do Tempo.

Sangrar o coração do Verbo usurpado,
ser fluxo descontínuo
em suas entranhas,
ser dele o transe
e remover a sua tez opaca:
anoitecê-lo, salvá-lo.

Minhas filhas

Quando a dor chegar,
navalha em histeria,
saibam, minhas filhas,
todo corte há de fechar
como a noite se fecha
em face do novo dia.

Minhas filhas, fantasmas
nascerão da vossa ilusão,
mas não se atemorizem.
Deixem que se abriguem
na luz de vossas fantasias,
posto que sentem medo
e já não podem com o ermo
de tantas vidas vazias.

Minhas filhas, paciência,
que um fruto para maturar
tem seu tempo e cadência,
e se acontecer de mirrar
terá sido na exata frequência.

Minhas filhas, atenção:
não cedam à tentação
de querer resolver os
problemas do mundo.
Antes, tentem resolver
os seus, o que já exige
um esforço profundo.

Chorem se tiver de chorar,
lutem se tiver de lutar,
gritem se tiver de gritar,
calem se tiver de calar,
avancem se tiver de avançar,
recuem se tiver de recuar,
mas tenham esperanças,
minhas filhas,
virtude maior não há
do que saber esperar.

Vão à praia
num domingo de sol,
minhas filhas,
e sejam felizes.
Mas, se não quiserem,
minhas filhas, não vão,
e sejam igualmente felizes
num domingo de sol,
que a praia inteira
estará à vossa disposição,
de verão a verão.

Sejam honestas,
minhas filhas,
paguem as contas,
estejam no trabalho,
rezem às santas...
Mas, ainda que atrasem
os pagamentos,
que faltem ao serviço
ou deixem de suplicar,
nem por isso,
minhas filhas,
fiquem tontas:
às favas, as contas,
aos ares, o trabalho,
às santas, o descanso,
que a máquina do mundo
segue sendo o que é,
como segue expiando a vida
na mais pura profissão de fé.

Fiquem certas de que o amor virá,
fiquem certas de que o amor irá,
e ainda mais certas
de que outro amor chegará.
Se queiram bem,
minhas filhas,
para que vosso bem
quebrante o espírito
de quem não o tem.

Minhas filhas,
não preguem tantas certezas
não guardem tantas dúvidas,
caminhem com leveza,
pois nesse ir e vir,
tudo se conforma no próprio existir,
desde a hora de chegar
até a hora de partir.

atravessamentos de um homem-vento

hoje, não se enviará e-mail.
a paleta de cores do coração
do homem livre pousará
em tuas mãos
e tu comporás
o sonho da vida.

hoje, não chegarão
mensagens de áudio.
tocarás a face da mulher triste,
o desejo te aquecerá os olhos,
e, como num pequeno milagre,
o amor te salvará.

hoje, *post* algum será publicado.
será dia de bolo confeitado:
dia de filtrar teu cansaço,
dia de vencer tua prostração,
dia de não morrer sozinho.

hoje, os teus te acariciam a nuca
e choram.
os teus.
ao menos hoje,
não haverá *stories*.

a criança que te
habita o peito,
abrirá os braços,
por fora de ti,
e correrá, risonha,
pela estrada nebulosa,
ao teu encontro.
abraça-a.

Imaginário

Pende entre minhas pernas pretas
um mito gorduroso,
quase impossível de carregar.

E na sua plena atividade,
na diabólica plasticidade,
me arqueia o dorso,
me alquebra o corpo
até interditá-lo.

E na sua robustez de mito,
me debilita a frágil saúde
ainda mais,
nas suas dimensões de mito,
me diminui a forma
ainda mais,
na sua centralidade de mito,
me reduz a toda solidão
do cais.

Por isso, não morram
se eu resolver
extirpá-lo amanhã.

É que minhas pernas pretas
marcham melhor
sem o seu peso incômodo,
minha cabeça preta
se equilibra melhor
sem o seu peso incômodo,
todo o meu corpo preto
se ergue maior
sem o seu peso incômodo.

Sobrevida

Dos amigos de infância,
só Washington
driblou a morte.

Se esquivou quando
Dinga lhe ofereceu
a primeira dose de cachaça.

Recusou o par de tênis,
novo, que Ledinho
faturou na rua pra ele.

Declinou do convite pra
ir ao baile com Capenga
no dia em que houve a chacina.

Espirrou diante da
carreira de pó, que Neco
dispôs à sua frente.

Duvidou que Marco Santos
falasse sério sobre o fato de
ele ter bom corpo para a noite.

Dos amigos de infância,
só Washington sobreviveu,
embora sentisse que morria, a
cada morte de um amigo seu.

Questão de vala

resiste à pólvora odiosa
o corpo abnegado de Marielle,
o corpo compassivo,
suspenso em flor.

resiste a espumosas rotas de sangue
inscritas em mares de horror,
resiste à vida abreviada,
esquecida entre as histórias
de tantas vidas preteridas.

seja, enfim, questão de vala:
         quanto fala
           a bala
        que nos cala?

não pode conter o chumbo certeiro
o corpo abnegado de Marielle,
não pode conter os projéteis
que se desviam dos prédios da zona sul,
que se afastam dos carros de luxo,
que contornam os bem nascidos,
e vão alijar uma outra existência
já tão relegada à negação,
já tão calejada de nãos.

seja, enfim, questão de vala:
           quanto fala
              a bala
           que nos cala?

se assim vive, embora varado,
o corpo abnegado de Marielle,
o corpo compassivo,
suspenso em flor,
é porque aprendeu a enganar o fim,
tendo de suportar a dor mais doída
e se alimentar de si nos dias de fome,
teve de tatuar o etéreo nome
na carne viva da memória
a que nenhum fuzil pode matar.

seja, enfim, questão de vala:
           quanto fala
              a bala
           que nos cala?

Oração

O velho relógio
na parede da sala
ainda bate ave-marias.

Ponteiro que sou,
cativo de tantas horas,
vou cantando ladainhas.
Luzeiro que sou,
clarão de tantas horas,
vou-me acendendo nas romarias.

Galope

O bêbado levita sobre a maciez
de teu dorso bravio
e tu relinchas.

Ele guarda na mão direita
o redemoinho das caatingas impossíveis
e traz sob o pé esquerdo
o Décimo Nono Arcano Maior.

Teus olhos são
de esfinge alada
reluzente.

Tu galopas o chão etéreo,
e bebes a secura da terra,
o bêbado ri das profecias mortas.

A vida é sentinela.

Existenciar-se

Reclamai liberdade marginal
todo corpo de desejo ferino,
expurgai a fantasia seminal,
desgarrai do sonho uterino.

Penitência

Judite me olhou
com olhos de frio
e disse Já vou!

Eu permaneci ali,
por dois mil anos, ali,
virando a
    memória do
        instante
          encantado
        que
    não
cessa.

Ode ao amor cruel

A memória
do teu cheiro
insiste
em me amar.

Estudo sobre café

entorpecida pelo aroma dos segredos,
Zélia conclui:
   – café purifica a alma!

e a alma,
    perfumada de heras inquebrantáveis,
    mergulhada em fragrâncias celestiais,

   lê poemas de Mário Quintana.

Rupestre

Há, na história, bruta dinâmica:
que o tempo volatiza demais
e nos põe à contramão do que somos.

Vai-se a história,
suas memórias ilusórias.

Há, na história e na vida, o tempo:
outro paradigma há de ser frágil demais,
nada por fazer, senão cantar.

II.
Íntimo Vesúvio

Adio os búzios ante a vastidão dos tempos
A fim de ocultar o que em mim
Será o nascer inadiável do sol,

Ou a cicatrização paulatina dos ferimentos.

És, em mim, a Herdade.
O feudo imensurável dos meus quilombos.
O abandono mais desatinado de mim mesma
E dos projetos de Ser que armazenei nos ponteiros.

Enquanto aguardava o despotismo
Do teu aferro à inércia,
E dizia dos teus erros apenas Pacatez
E dissonância,
Fincava no Desejo o meu deus de obstinações!

Adiava a Exaustão!
Afugentava abstinências!

Rita Santana – *Herdade*

Prólogo à 1ª edição

Dez anos depois do lançamento do meu primeiro livro e uns vinte desde a publicação de uma crônica num jornal baiano que me estreou na literatura, talvez eu seja capaz de perceber um caminho para a poesia. Alcançá-la, no entanto, já não me parece possível: ela, primordial; eu, tão raso. Depois de muita insistência no exercício de criação e quase sempre disposto a desistir, consigo ver, de muito longe, um corpo a dançar, coberto com tecidos bem finos que são a própria pele flamejando já desgrudada da carne; sinto o fulgor, o transe do movimento que não posso descrever por não encontrar um seu equivalente. Suponho que ali esteja um corpo de mulher e, mais que isto, estou certo de que esse impossível corpo — a estranha matéria feita de sonhos — seja a poesia, um inusitado a romper com a superficialidade das coisas; estranha matéria cuja manifestação mais profunda — ou seja, aquilo que a projeta intuitivamente, a elabora em essência e a faz caminhar daí para a sua realização — seja a música. E eis como a poesia se desenha para mim, dita assim com o desespero de quem pretende nomear o fenômeno antes de sua manifestação: poesia é vibração e sua forma, no corpo de uma mulher que dança, expressa cada nota em diferentes pele e cor, em inimagináveis contrastes e matizes. Os tons, as escalas, a marcação inscrevem a Vida no mágico corpo. Já não poderei ser poeta porque, julgando ter alcançado um nível mínimo de contemplação e tendo mergulhado fundo na beleza feminina, sobretudo nos seios, eu ali estive morto. Assim é: morre-se sozinho e sem esperanças, mas inundado de raríssima luz. Quando minha expressão, tateando mal a mal, percebe e captura esse grãozinho de estrela que, por vontade própria, vem arder o coração, depois de a sua forma original explodir em imensas distâncias, receio que venha se afigurar, no papel em branco, um esboço qualquer da milagrosa matéria dos sonhos, esse vulcão todo íntimo que cada um de nós encerra em si.

Wesley Correia

Eduardo

O coração de Eduardo parou
na Avenida Carlos Gomes.

Nós, que o observávamos, comiserados,
éramos a dimensão trágica de sua existência,
contornando como uma parabólica
as razões daquele pênis circuncidado
e tão ausente de conceito.

Nós, diante do corpo jazido,
íamos dotando de sentido a morte
e esvaziando de sentido a vida.

Eduardo nos enchia de movimento místico.
Nós o queríamos apoiar nos ombros,
obrigando-o a regressar à casa:
— Levanta, meu filho, anda,
nos exima dos ardis da ciência.

Nem carece de tanta coragem ou medo,
pois que o ímpeto e o recuo
se processam é no justo lugar.

E crê em Deus Pai, Eduardo,
que nossas angústias são prolongáveis.

Duplo

> *Por menos que conte a história,*
> *não te esqueço meu povo.*
> *Se Palmares não vive mais,*
> *faremos Palmares de novo.*
>
> José Carlos Limeira

Meu corpo filtrava desesperos e alegria,
se insurgia no coração das horas livres.
Meu corpo evadido ia resultando
de coragens múltiplas,
de ternuras errantes, e eu te invocava
sob o afeto das paixões conjugadas.

Solto, grávido de tanto horizonte,
meu corpo vibrava em vermelho,
fazendo a roda dançar no ritmo primordial.
Dispunha o fértil ouvido à palavra fecunda
e, combatente, eu te invocava no fio da navalha.
Me embrenhava por matas noturnas,
abrigava tua luz em minha boca,
lambia o segredo puro dos céus
e sentia escorrer o signo libertário, motor da existência.
Ia te pedindo a bênção enquanto
agradecia por tantas inconsciências,
mergulhava fundo, abocanhava doze búzios,
me adivinhava na forma viva da força.

Assim, despachado, sentia os ossos tornarem aço,
a pele do corpo, descolando-se da carne, virar rocha,
e a gordura, que havia no íntimo,
verter a lava do vulcão.
Enquanto toda a Memória se espelhava
e eu me integrava ao sonho,
via se compor esse meu duplo
num encantado monumento de linguagem.

Íntimo Vesúvio

Afora os leões da saudade
que me vêm lacerar a carne
enquanto debruço à janela,
sinto a felicidade furtiva e,
como quem não a espera,
uma certa paz.

Quase impresso nesta ambígua janela,
mergulho na sombra dos olhos do meu amor,
a tempo de observar o gráfico da manga cadente
que explode num chão de muitos desejos,
a tempo de ver a moça que vai suicidar,
a tempo de velar o sono dos meninos,
a tempo de ver os cajueiros florirem,
a tempo de ouvir bater o coração dos mortos,
a tempo de sentir meu corpo tântrico
em febre, em dor, em delírio,
a tempo de tomar a estrada
onde todo movimento não é
senão espera.

Da janela do quarto,
gozo no extrato das memórias.
Ali, começa a irromper um íntimo Vesúvio,
que me conforma desde a gênese.

Alujá

Quando Xangô me engoliu,
ardi qualquer ilusão
naquelas vísceras incendiárias,
bebi do sangue vulcânico,
mergulhei no calor,
insano sonho,
e toquei seu coração em brasa:
morri quando Xangô me engoliu.

Morri pensando que era dia,
mas era uma noite de contemplação.
Fora das entranhas sagradas,
a solitária estrela delirante,
a queimar,
costurava sinfonias
no céu de fogo.

Era já outro aquele rubro céu
a me espelhar todo em si.
Eu, que na beleza das febres
me ergo em frenética pulsação magenta,
e, finalmente, avisto o porto primordial
onde venho ancorar meus segredos,
onde venho fundi-los,
enquanto gozo mel.

O mistério da Avenca

Os vãos da casa explodem em desejos,
que escorrem das paredes antigas,
que saltam dos indivíduos,
e tudo se amalgama desde o quintal à varanda:
a Avenca tem um mistério.

Uns guardam a beleza
no silêncio do riso insinuado.
Outros guardam a
diabólica inconsciência,
convidam a morte para dançar na casa antiga:
a Avenca tem um mistério.

– Ela tem mistério.
Diz uma velha para si
enquanto eleva a planta.
Sua perna direita sangra
porque viver é arriscar-se.

A velha reza e
a gramática dos desejos
vem-lhe inundar
o corpo soturno
que sufoca, transpira:
a Avenca tem um mistério.

Despedida

Eu saberei, amor,
quando for chegada a hora da partida,
quando a flor verter em saudade urdida
sua memória pura de flor.

Cruz das Almas

Quando eu nasci,
não houve anjo apocalíptico,
não houve demônios
ou profecias de fogo
e nenhum cavalo relinchou
de um canto a outro do mundo.

Quando eu nasci,
não houve Ulisses atado
ao mastro do barco,
não houve Gaza ou Tel Aviv,
não houve Zimbabwe
nem os desertos da Namíbia ou do Atacama,
mas, é certo que houvesse a estranha atração
entre opressores e oprimidos.

Quando nasci, dona Florzinha preparou os bolos
para o marido vender aos estudantes;
dona Dete foi à igreja;
Roque fechou a oficina e foi almoçar.
Mais tarde, como em todos os dias,
a fábrica Suerdieck apitou para a cidade
a lida das operárias.

Lembro de que minha mãe estava
cansada quando eu nasci,
muito cansada,
e que meu pai nos olhava da porta do quarto,
com seu olhar de homem.

Quando eu nasci,
já havia a misteriosa paixão
que rompe das fendas das pedras de ferro
e a Rua Professor Mata Pereira urdia outras belezas.

A filha de Zélia

O mistério que pulsa
e sedimenta o devir mais pleno
vem erigir na filha de Zélia,
toda feita de silêncios.

O que dela escapa, seus resíduos e beleza,
projeta imenso amor em novos corpos
e impulsiona a luz em outros, distantes.

A filha de Zélia nos liberta.
Se menstrua, resgata a história de uma grandeza,
nos libera em fluxos de bondade.
Se não menstrua, expia, se alegra, sufoca, goza
e expande as possibilidade de um bem maior.

Das mãos rudes dos homens que tocam o sonho,
é que se borda a fantasia
a envolver os olhos apaixonados da filha de Zélia,
toda ornada de desejos.

E quando, sem cerimônia, o amor se derrama
e a vida vem ter com os seus,
chora a filha de Zélia,
toda feita de luzes,
crendo no que ninguém mais crê,
vendo repouso onde ninguém mais vê.

A mulher mais bela

Fragmentos dispersos do puro espírito
são filtrados na clareira vista da janela,
na qual contempla a mulher mais bela.

Ali, nada retrai ou precipita,
nem o amor em primeiro plano,
que não conforma nem agita,
nem a sentida ilusão ao fundo,
que não cala nem grita.

Paralisada, a estranha narrativa
nos inaugura um fluxo,
nos obriga à festa.
As cenas banais,
aí, também, excepcionais,
conhecem a raiz de cada desejo.

Do peito intumescido,
do couro, da luz e da mística,
de tudo isso, nós sabemos,
e nada é bom ou mau em si,
mas da mulher mais bela,
dela, só quem sabe é Juraci.

Feliz Natal

eu era menino
e minha mãe recebeu
da melhor amiga
um cartão de natal:

"Querida Joana,
que Deus Menino te dê novo fôlego,
te livre dos males desta vida,
que esta vida é mar de ilusões."

a essa amiga,
minha mãe surpreenderia,
mais tarde,
na sua cama e em ato com meu pai,
eu era menino.

outro dia, tendo-se passado
muitos dezembros,
um sem-número de decepções,
e eu já homem,
soube que minha mãe
perdoou Maria,
aquela sua amiga sincera.

Memória do sol

o sorriso
a beleza,
a luz, a pluma e a comoção.

arde-me a fantasia deste sentido querer-te.

Lua em peixes

Ingratos, os peixes
do meu aquário partiram.

Não valeu o oxigênio,
        a água,
        as algas que lhes forjei.
        o amor que lhes dediquei.

Não valeu o dinheiro que lhes paguei,
        a caverna translúcida –
        a morada azul onde os abriguei.

Os peixes partiram,
eu me afogo
neste aquário de ilusões.

Painho, Mainha

cosmo espesso da Bahia,
depositário de corpos e desespero.
cosmo espesso da Bahia,
signatário de espíritos silentes e doídos.

Painho, gente, cadê?
seu corpo de bálsamo,
seu belo e libertário corpo,
único capaz de me resgatar?
cadê Painho, minha gente?

faz uma noite linda em Cartagena de las Índias
e ninguém dá por mim.
faz uma noite linda em Irecê, em Tavira,
uma noite linda em Camaçari
e ninguém, ninguém dá por mim.
Feira de Santana, Itabuna, Jiquiriçá,
termos simultâneos, na misteriosa equação,
operando o início, operando o fim.

cadê Mainha, meu Deus?
sua beleza de interior,
seu sorriso de bondade
escapando à mágoa que a entrevou,
ao corpo que minguou?
Mainha, cadê, minha gente?

cosmo espesso da Bahia,
depositário de acintosos corpos e espíritos,
Painho e Mainha me ofertam a ti.

Ela

I

Vem, cigana, com teus ares doces,
alada boca em sangue,
provar do que eu te trouxe.

São chegados os ventos de oriente,
há cantos oníricos, se sente!
há lábios fartos, se pressente!
Vem no desejo longevo, cigana,
na fome de amar,
vem toda em sonhos,
vem toda em mar!

Vem, com teu ventre do mundo,
gerar o calor profundo,
        faces a contemplar,
        fases de maturar,
        festas de adorar
desde o início
    à última chama de viço
        na hora derradeira.

II

E que movimento tens!
Que salto, que beleza,
que força tens!

E que realeza tens!
que andar, que gingar,
que domínio tens!

Que cumplicidade,
que voraz amabilidade,
quanta doação,
revés da saudade, tens!

III

Pensei que sendo eu o rio
pudesse desaguar tranquilo
nestes teus oceanos.

Mas deu-se o engano:

a primeira dentada que cerraste
na polpa do meu sexo
fez as minhas águas desbravadoras
voltarem involuntárias,
curso a curso,
às nascentes de si.

Apavoradas águas a desenhar,
no inevitável retorno,
o regresso em desespero,
o recuo frente o desterro,
o caminho das pedras.

A primeira dentada,
tua mandíbula de aço cerrada,
meu sexo, ali, dissipando na dor e no fim,
e a tua síncope, cigana,
               mãe de minhas mães,
                  dona de mim.

IV

Então, mulher,
te entoo malungos cantos,
conto o prazer dos espantos,
mãos velozes no couro do atabaque,
mãos ferozes na defesa, no ataque,
mãos zelosas netas horas de acalanto.

Então, mulher,
te oferto o destilado das terras vulcânicas,
te oferto o leque com bordado nas pontas,
te oferto o fio carmesim com mais de cem contas,
te oferto o tecido com apliques em búzios e rubis,
que há de se unir à tua pele preta,
enquanto giras, giras, giras, giras.

Então, mulher,
te oferto esta galinha, esta cabra, esta vaca,
te oferto as velas embebidas no dendê
e me oferto, por fim, a ti
para que meu sangue somado ao teu
se processe pleno
enquanto giras, giras, giras, giras.

V

Já me despertei, Elegbara,
acaso não vês?
Reconheço, da memória dos sonhos,
a alquimia de tua tez.

VI

Racha, simétrico, o globo
à tua gargalhada,
surpreende, espanta-se tudo:
    a linearidade dos planos,
    o coração mudo,
    a direção dos mapas
e a alma empalhada.

Mudam-se as direções
à tua gargalhada.
E as tempestades obedecem teus sinais.
As gentes todas paralisam,
se recobram em inimagináveis paixões.

As gentes todas se inclinam,
se revigoram saciados os corações.

Os bichos atendem a teu chamado.
Berram por ti,
relincham, cacarejam por ti,
batem, frenéticos, as patas,
ciscam nos terreiros,
uivam, mugem, urram por ti.

Teu chamado é música perfumada
que a toda gente faz crer,
teu chamado é beleza encarnada
que a tudo faz reviver.

VII

Teu Ilê é início absoluto.
Nele, se acende o primeiro fogo.
Dele, ascende o primeiro fôlego de vida.

Teu Ilê tem mil portas abertas
a lançar vida por infinitos caminhos.
E tu, mulher, se põe graciosa
           na esquina exata de todos eles.

Entre estradas encruzilhadas,
becos, vielas, calçadas,
vão-se mobilizando energias,
tecem-se paixões entrelaçadas,
escorrem de prazer as sinergias.

VIII

Não sei se por compaixão,
   se por fortuita diversão,
meu amor me atende,
mesmo quando o gesto
é mero pensar.
Quem sois, afinal?
Gabrielas, Joanas, Marias?
Veras, Terezas, Sophias?
Lutigardes assentadas sobre o raio de Yansã?

Gilmaras, Manuelas, Zélias?
Jussaras, Andreias, Éricas?
Jocélias guardiãs dos Oxês de Xangô?

Cristinas, Luzias, Marlenes?
Rosas, Márcias, Antônias?
Cléas extraordinárias com suas saias de mar?

Fernandas, Patrícias, Judites?
Irenes, Anas, Carinas?
Ritas elevadas em vermelhos mistérios?

Tu és tantas
que quantas
já nem importa saber.

IX

Bem me lembro de tua chegança,
teu cavalgar sublime
        sobre um tapete de sonhos inconfessáveis.
Bem me lembro dos sete homens
comendo, em teu louvor,
        uma fornada de sonhos impossíveis.

Lembro-me que, numa noite de adoração,
        mordeste meu peito
              e sorveste o coração.

X

Rosa Morena, Maria Padilha,
Maria Sete Saias, Rosa Menina,
tua liberdade é o espírito da ilha
tua saudade dança na esquina.

XI

Foi Bento de Olívia quem me falou,
assim, de repente, quando o galo cantou:

– Moço, essas mulheres
não se enfeitam sem mariwô
        elas te cegam só num olhar.

– O que mais por dizer, Seu Bento?

– Moço, essas mulheres
não dançam sem o torço,
    elas te queimam é com a ponta dos cabelos.

– O que mais por dizer, Seu Bento?

– Moço, essas mulheres
não riem sem que a boca esteja pintada,
       elas te fulminam no abrir dos lábios.

  – E se tiverem tudo o que enfeitar, dançar e sorrir,
 o que há, por dizer, Seu Bento?
– Aí, meu filho, o universo enfeitiçado
gira, gira, gira, gira.

XII

Mal raiou o dia,
fui arrear teu padê,
farinha, cachaça, dendê
e mel para adoçar a magia.

Estive em muitas esquinas,
perdido em tantas delas,
solitário nestas celas,
caçador de outras sinas.

E tu me tomaste pela mão,
apontando o imenso portal.

E como me ensinaste,
lancei, ao longe,
sete fartas porções de farofa.

E o caminho que era um
repartiu-se em sete mil caminhos
de prazer, de força, de delícia.

XIII

Aprecias os Ibás que te preparei?
Fui colher águas marinhas
para o teu assentamento,
fui colher o espírito dos mortos
para o teu assentamento,
fui colher o império e a fortuna
para o teu assentamento,
fui colher a vida dos bichos
para o teu assentamento,
fui colher as flores do campo
para o teu assentamento,
fui colher as palavras do mundo
e a disposição do vento
para o teu assentamento.

Fui colher a beleza, enfim.
Fui colher a grandeza, enfim.

XIV

Até breve, meu amor.
Pedir para que fiques,
rogar por nosso deleite,
é negar a vida,
é fazer desamor.

E como são múltiplos os caminhos,
o vazio, a guerra,
o sobressalto,
a peçonha,
o giro, os tremores, o feitiço,
os mangues, mares,
a potência, o repouso,

como são múltiplas as issabas,
este ebó de verbo a ti ofertado,
te verei vaticinar com as Yabás
no centro do trilho cruzado.

XV

Ela é rainha do candomblé,
Maria Padilha, bem se vê,
composta de mistério e axé,
saudemos todos: Laroyê!

Poema perdido

De mel e susto,
um poema se perdeu.

Habita, agora, campos nevoentos,
habita no estranho dos medos,
porque, nômade,
somente em si é que se detém.

De epifania e catarse,
aquele poema, o que era?
Corpo de mulher ou
os olhos da besta-fera?

Ele me rasga por dentro
e eu finjo não dar por isso.
Ele afia a ponta
e sangra os corações
sem sangue:

que todo poema performa
seu avesso derradeiro.

Vida

Espiral de tempo e memória:

os sonhos que canto
são a esperança
de recriar-me, um dia,
em acalanto.

Labirinto

Esta palavra, oh, Deus,
que embriaga e alucina,
não cansa de me ter cativo.

A beleza das meninas da esquina
é suave, e dilui o mundo tátil:
        agora, mais textual,
        agora, menos factual.
Agora, a partitura de seus olhos
enchem de melodia o vazio da noite.

Uma Palavra para quem tem fome,
outra para quem tem sede,
muitas mais para quem se aventura.

As meninas da esquina fazem,
        num milagre,
    a cidade virar poesia.

Já nem posso ver, oh, Deus,
onde começa,
    arrebenta,
      e a que travessias nos lança
o fio de Ariadne.

Moira

os afetos negados
resultaram num fio denso
que ela usou para tecer
proibidos amores
dentro de sua carne úmida.

desde então,
seus olhos elementares
abrigam o centro do dia,
      o núcleo da noite.

Camila

Foi num susto que Camila virou pássaro.
Sem que não mais a pudéssemos tocar,
fez ninho em nossas memórias.

Um dia, conversamos de recensão:
agora, tudo são teoremas e
        leis trabalhistas escorrendo
            livres do seu estômago.

Agora, tudo é o calor límpido de suas penas,
    tudo é frescor,
      tudo lhe implode de luminosa grandeza.

Camila virou pássaro,
        foi num susto.
           num instante azul,
                passareou-se.

Noite

À noite, tinjo-me de estrelas
e penetro, com o salto
do meu sapato de verniz,
as pedras da cidade.

Fecundo as rochas.

Gasto meu batom azul
em corpos efêmeros,
dou a todos eles os tons
do riso e do prazer.

Pela manhã, volto à rotina:
pego ônibus lotado;
bato ponto;
carimbo dezenas de papéis,
que engendram a máquina colossal,
e chego, sem memória,
ao final do expediente.

Vou pra casa, pintado de constelações
com meu coração sem estrelas.
Meu coração sem estrelas
    tem parido luzes cintilantes.

Poemeto II

Ele semeia
e os pastos estão lúgubres.
Antes da próxima estação,
colherá metafísicas
e retornará aos pastos movediços.

Olhando-o, assim, parece insuspeitável,
mas ele tem retido o fôlego das palavras.

Estética

Todo múltiplo, teu sorriso escarlate
vem habitar os abismos onde costumo repousar.
Teu sorriso neon, imprevisível, se estampa
em dezenas de bocas monocromáticas.

Teu peito, boca, as pernas rubras
pintam de *pink* os desvãos onde meu desejo recalca.
     Teu reflexo marrom-terra,
(devassa faísca marrom-terra),
     grita à égide marrom-terra
o que centenas de bocas incolores vêm segredar.

Tua palavra betume e minha garganta pérola
     geram letras turquesas
          letras marinhas.

Quisera eu,
essa aquarela
resultasse num
imenso beijo azul.

Pleno

Nasceu num dia mouro
e de muita chuva.
Passaram-se os anos,
veio o estio,
mas chove, ainda, na terra
de suas lembranças.

Ele se inunda destas
águas desesperadas
a que chama amor,
sorve as luzes,
filtra os calores,
produz novo gás,
e funde-se ao barro
onde a chuva salpica
memórias retorcidas.

Nasceu num dia qualquer,
de hora e brilho quaisquer,
e à revelia das estações,
insiste em nascer livre
todos os dias.

Dentro

Nasci flor,
as pétalas acesas,
embora desidratadas,
apontando surpreendentes direções.

O caule que se esgueira,
o oco do tronco,
a seiva mais substancial
que no corpo morto se move
indicando inimagináveis direções.

E os pés fincados,
o coração de minha mãe rompendo, ainda,
como uma espécie de raiz que não sacia,
cipó superior à ação do tempo,
descendo fundo até que eu sufoque.

Questão

Permanecem a cama de alvenaria
sobre outra cama de alvenaria
e o guarda-roupas de uma só porta.

O cheiro sem tempo a despertar
o que em nós adormece.

Permanecem cuecas, meias,
as toalhas de banho estendidas
ao sol de algum janeiro.

Permanece tudo o mesmo
depois de tudo já mudado.
Permanece a explosão antes de explodir,
a combustão antes de queimar.
Fugidios, permanecem o instante vivo
e a sinfonia
que acompanha as memórias.

Permanece a janela de onde se vê o mundo:
   a paisagem, a despeito de toda rigidez,
se move em mistério como num
     quadro expressionista.

movendo-se, parada,
 a cena anuncia,
 a cena provoca:
a memória que gera a linguagem
que a linguagem da memória evoca
a que nos convoca?

Sonho

Somente em Lisboa
se pode ser feliz.

Entorpecer na Mouraria.

Atravessar Bangladesh
enquanto nos afogam
os mistérios da Rua João do Outeiro.

Sentir à distância o refluxo de quando
se beijam os mares das ilhas de Cabo Verde
em plena quinta-feira, no Chiado.
Quase inebriar com o ouro que Angola desfila
no Parque das Nações.

Os pés gelados em direção ao rio
e esse nó que não desata até
a próxima taça de vinho.

Tudo leva ao rio,
penas, velas,
pensamento, bílis
e as perturbações de um canto em segredo.

Somente em Lisboa
se pode ser feliz,
apesar dos demônios.

Praça da Figueira, Ourique,
e a Universidade
e a miséria,
e o vinho advindo sem divino
como um rio sorrindo
do próprio corpo a inscrever-se nas margens.

III.
Deus é negro

A menininha disse zangada
Que sua coleguinha ao lado
Me xingara de negro
E acrescentou:
"Deus vai castigar ela, professor
Ela ainda vai casar com um negro".

Carlos Assumpção – *Inocência*

Gratidão

A todos os que
sangraram comigo,
dedico este Obi,
aberto em aláfia.

A todos os que tiveram
seus laços de amor
espedaçados no horror do jugo,
aos que fizeram vida
em meio à morte,
dedico este Obi,
aberto em aláfia.

Aos que foram rumo ao fim,
aos que desejaram fazê-lo,
aos que, em nome da liberdade coletiva,
aprisionaram a sua própria,
aos que desafiaram,
cantaram,
bailaram com seus deuses,
dedico este Obi,
aberto em aláfia.

A Orumilá, Odudua, Yá Massê Malê,
Na direção do sempre,
        dos caminhos,
        dos secretos,
        da esperança,

ao Reino de Ifá,
dedico o meu coração,
aberto em aláfia.

O coração de Oxun

N'algum reino,
ela baila.
Desliza lenta e límpida
com seus olhos de ouro.

Mergulha fundo
num rio de fragrância única
e mata de amor
os que a seguem.

Seu ventre sagrado
guarda a razão
do mistério universal.

Seu ventre sagrado
é tudo o quanto há:
     graça,
     magia,
     dança.

Era uma moça pobre,
mas não sei de qual poder se revestia
nas horas raras,
nem sei que beleza seu riso tinha
em noites claras
que tudo, por apenas ser, reluzia.

Nela, o instante, a loucura,
    o rompante e a doçura
resultaram em sagrada ternura,
      em gesto extraordinário,
      em água pura.

Roncó

Aos sete anos,
cobri-me de palha da costa
e sorri para minha mãe.

Minha mãe,
que assim não me sabia,
também sorriu diante do mistério,
e se resignou.

Diante do mistério, não há dinheiro,
posses ou grandes construções.
Há, tão somente, o mistério que nos cala.

Minha mãe e eu,
muito pouco, sabemo-nos.
quase nada, falamo-nos.
bem pouco, fazemo-nos.

E no lugar, para além das razões,
Nanã abençoa os seus
e Omolu, quiçá, já a tenha perdoado.

Capoeiragem

Lembro Mestre Manuel,
        as pernas grandes,
        os braços grandes,
        a cara grande,
tudo levitando iluminado.

Lembro Mestre Manuel
        Rabo de arraia,
        Bênção,
        Meia-lua,
os desenhos soltos no ar.

Lembro Mestre Manuel,
        imbatível na batalha,
        o risco em mistérios,
        o veloz tempo do sem tempo,
e o amor que se perde a bailar.

Batuque

Dizei da lança, navalha em memória,
que se afia em voo e faz bélica a asa.
No milagre onde a cinza se abrasa,
espalhe-se o guerreiro sangue da história.

Mostrai os olhos que leem o além de tudo:
não se acovardam ante o asco e perversão
nem legitimam tão vil e inútil prisão.
Fazei-nos fortes, conquanto e contudo.

Se o desmando for a infindável lida
sob triste destino em mãos do avaro
ou ainda a aniquilação da verdade,

valerá a vida de sonhos vestida
e a nobre conquista – o canto raro,
valerá mais, por tudo, a liberdade.

Poema do preto irmão

Porque de tuas mãos brotam
o doce perfume da alfazema
e de teus olhos nascem
cotidianas esperanças,
eu te bendigo.

Porque em teu sorriso e mente
descansa o que é bom
e teu gesto acolhedor
revela-se em profundo amor,
eu te bendigo.

Porque és tempo
no além das horas
e és todas as horas
para além dos tempos,
eu te bendigo.

Porque tua alegria
gera novas alegrias
e tua presença institui
gestos de bondade e temperança,

e, sobretudo, porque
tu és a razão de ser deste poema,
ele próprio te abençoa.

Noturno

Ai de mim,
maniqueísta que fui,
dei de rolar na cama
a me julgar diabólico.

Ai de mim,
em lúgubre estupidez,
dei de calar os sagrados
sons de minha alma.

Ai de mim,
com pés santos,
quis contornar
a cartografia dos homens.

Ai de mim, tolo no calvário,
dei de comprimir os pulmões
em esquálida opressão.

Ai de mim,
que desconhecia o mistério
a ressoar nos meus ouvidos:
um espírito fértil,
        farto,
            feito de axé.

Sim

A mão do mundo me disse não,
mas aprendi a rosnar,
            feito raivoso cão,
e afastar a terrível mão do não.

África atemporal

Antes desta hora de agora
eu não tinha hora
e era toda hora
existente em redor de mim.

Antes, as horas que eu tinha
e as que eu presumia ter
eram a invisível linha
do tempo que eu queria ser.

Agora, resta essa hora morta
que mesmo programada
permanece torta,
sem viço, doentia, desalmada.

Antes, eram as estrelas
indicando a direção.
O sol, a lua, o vento
guiando a rotação.

Este tempo de agora,
tão raquítico e sistemático,
não tem a mesma razão
daqueles tempos sem razão.

Exu não é o diabo, não

Se não há bem que mereça
ou mal que lhe pareça,
ora, preste atenção:
Exu não é o diabo, não!

Se qualquer coisa lhe agrada
sem alto preço que valha,
ora, preste atenção:
Exu não é o diabo, não!

E se mesmo Olodumare o vê menino,
criança costurando o destino,
ora, preste atenção:
Exu não é o diabo, não!

Se com tamanha inocência faz,
e com a mesma desfaz,
ora, preste atenção:
Exu não é o diabo, não!

Negrada

Este cheiro de preto,
inebriante nas academias,
      nas letras,
      nas ciências,
é a profecia do gueto
que se cumpre.

Esta vasta gente preta,
habitante nos segredos
de tantas histórias,
não faz a revolução,
é a própria revolução.

Angola, São Tomé e Príncipe,
Moçambique, Bahia, Jamaica –
todo este sangue sou eu,
renascido em força.

Esta voz de preto
é quem fala ao mundo inteiro
e canta em som longínquo
a memória estilhaçada que não cessa.

Esta mão preta
que inscreve,
inventa oruns,
e a tudo subverte
não diz a profecia,
faz de mim a profecia.

Plural

Eu sou Áfricas inscritas,
      subscritas,
       reescritas.

Eu sou a proa de navio,
Eu sou o mar bravio,
Eu sou o mar, o mar, o mar.

Eu sou geografias que se deslocam,
Eu sou espaços que se cruzam,
Eu sou línguas que dialogam.

Eu sou amores coletivos,
Eu sou discursos aguerridos,
Eu sou muitos em um, reunido.

Eu sou a perna lânguida da sereia
Eu sou o sangue na poeira da areia
Eu sou aquele que passeia.

Mistério

Mística Luanda cristã,
sagrada Bahia africana,
guardei vosso amanhã
no oco neon da cabana.

O Velho

Se vir o Velho na rua,
tome a bênção.

Seu corpo milenar
reúne infinitas dores
e as alegrias do mundo.

Seus olhos brilham
a ponto de cegar.
Em sua espada,
estão os segredos
da morte e da vida.

Se vir o Velho,
observe com que força
suas palhas acorrentam,
e não deixe de lembrar:
siga caminho, mas, antes,
tome a bênção.

IV.
Pausa para um beijo

Ó, meu amigo, meu herói
Ó, como dói
Saber que a ti também corrói
A dor da solidão

Ó, meu amado, minha luz
Descansa a tua mão cansada sobre a minha
Sobre a minha mão

A força do universo não te deixará
O lume das estrelas te alumiará
Na casa do meu coração pequeno
No quarto do meu coração menino
No canto do meu coração espero
Agasalhar-te a ilusão

Ó, meu amigo, meu herói
Ó, como dói
Ó, como dói
Ó, como dói

Gilberto Gil – *Meu amigo, meu herói*

Prólogo à 1ª edição

Preciso multiplicar a dose de vida que há em mim para não morrer neste completo vexame. Assim, por onde passo, vou reconstruindo as coisas, dando a elas a dimensão que antes só existia por trás dos meus olhos, do meu ser. Preciso fazer dessa busca a incessante busca da própria existência espalhada nos campos de terra e edifícios que se tornam meus cúmplices. Antes, quis falar sobre amores, sensações divinas, quis dizer dos elementos que, em cadência fragmentada, compõem a extensão do que sou. Os reflexos parecem-me infindos, mas quando os digo tornam-se um suspiro fugidio, a primeira faísca que incendiará meu mundo de maravilhas vãs. Nascem poemas. Decerto, vou catando as migalhas da imensidão vital, de tudo aquilo que nela se apresenta. Vou catando. Ainda vou catando: mendigo das memórias fugazes.

Wesley Correia

Do mistério

Durou minuto?
    segundo?

    o tempo
      da dor
        (eterna dor)
          de existir?

Seu nome,
sem que eu o dissesse,
    me consumia:

Paulo, Paulo,

    mistério errante
    das coisas sem tempo.

Lâmina ardente

Som de voz em
lâmina ardente.

    O peito a se quebrar.
    Mundo, tudo quanto
    o compõe,
    à beira de se quebrar.

Negro véu dos teus olhos,
    chuva que te escapa
        te pensa,
        e te chove,

metais, bolas de aço,
cimento armado,
    tudo o mais a se quebrar.

Ventos, estações, tempo,
    quebrando-se
        um a um.

Longe,
som de voz em
lâmina ardente.

Arrebatamento

Vejo meus filhos e sinto
um bem incrível
pela humanidade.
Em horas mortas,
escuto deus a cantar.

Anjos são belos homens
e o homem é a denúncia de deus:
do contrário, estaríamos perdidos.

Meus amigos,
nestas horas,
reúnem cacos de vida
para existirem
quando nos encontrarmos.

Nestas horas,
em qualquer canto,
alguém toca piano.

Sentença

Era um rapaz que sonhava
com aviões e não se
interessava por mulheres.

Nada o preocupava
a não ser voos
infinitos de avião.

A mãe marcou-lhe consulta.
Os médicos não lhe puderam
diagnosticar a doença.

(O rapaz, sorrindo,
era aviões
num movimento rasante:
perigo e delícia.)

O rapaz voltou para casa
como um avião
performático,
um avião de nudez gélida
e inocente,
nudez quase comovente.

Basta de aviões no mundo!
Enfiaram o rapaz
num hospício.

Uma semana depois,
encontraram-no
pousado
no meio do pátio.

Saber do milagre

Fico alheio
como se eu
por fora de mim.

Alma desértica:
	quanto mais se amontoa,
	mais se esvai ao vento.

Cálculos geométricos
na pirueta do menino
articulam a existência vital,
ligam os homens, no escuro,
por um metálico fio neon.

Em meu sonho,
três meninas pretas são felizes,
e sorriem,
cheias de uma beleza
que jamais ocorreu
a indivíduo algum.

Sou o que sou,
e os meninos
não sentem medo.
Ah, este que agora
corre para mim.

As árvores,
num balanço maternal,
se comprazem,
assistindo às crianças correrem
nos corações dos poetas.

Matemática

O papel vazio apela um poema.
Ofereço-lhe:
      não seja nada de amor,
      nada além da cor da tinta.

Vejo o professor de matemática,
o professor franzino,
seu milagre:
      $A = \{f:[0,1] \to R\}...$

O poema acaba.
Só resta
a matemática vã
no ventilador de teto,
girando-nos.

Sete pecados

eram sete mulheres
e um homem.

sete véus de noiva,
sete alianças,
sete cadeiras
à mesa do jantar.

sete quartos de casal,
sete barrigas de gêmeos,
sete vezes sete
formas de amar.

sete chamas vulcânicas,
sete ciúmes, sete discussões,
sete anéis lançados ao mar.

sete noites de sexo,
sete viagens, sete surpresas,
sete períodos pré-menstruais,
sete beijos ao eterno despertar.

eram sete corações
repartidos, e um coração
partido em sete.

Paixão

Expirou-se
o segredo da manhã,
como se fosse,
no infinito úmido,
uma voz atravessada
pelo fio do desejo.

Quando eu sorri, por um momento

Ele mijava quando
se descobriu deus.
Armou-se da espada
da Ordem dos Cavaleiros
de São Jorge
e ergueu
um império de sonhos.

O que faz esse herói?
Vai a um café
com o Imperador do Brasil,
almoça com
os abolicionistas de São Paulo,
janta num Quilombo em Minas,
Ama a sua Cachoeira,
estando em Paris, em Salvador,
em Buenos Aires,
e tenta unir a humanidade
através da beleza dos sinais.

Infinito

só a certeza
    de começar
        em algum início.

Finíssima

Não sei que espécie
        de finíssima luz
           reveste
              o
            silêncio.

Terra frutífera,
  absoluta de coisas bonitas coisas vãs
Terra frutífera,
  embrião do acontecimento.
   Líquido
que inunda a essência
       e
desmancha caminhos sem chão.

– Barro molhado –
terra pisada de pensamentos.

Poema da segunda-feira

A coisa está,
mas o que se vê
    é sua forma
        fôrma de coisa.

A coisa é aquilo que a revela,
        que a faz coisa em ser,
      o que lhe garante
espaço à matéria, tantas vezes, fugidia,
        tantas vezes, perene.

A coisa é
    seu desenho
de coisa,
inscrevendo o traço,
compondo a molécula.

A coisa é voz rouca
emergindo o canto,
suplicando o milagre.

      Seus ângulos agudos seus
      equiláteros vetores seu
      movimento estanque seus
      aros diâmetros base sua
      largura seu espaço
      em cima embaixo.

Estranho a coisa manifesta,
meus olhos tombam de paixão
frente a toda pulsação.

Poema da segunda noite

      hora morta
     nos escombros
do coração
    latejante

canções em brasa

onde a mulher negra por quem me apaixonei?

onde o seu sexo – o cheiro
             do peito
              luminoso?

procuro por suas pernas
       pelo eterno movimento
       pela incidência do ritmo
       pela beleza sem porquê

procuro por seu corpo em cólera
       pela barriga alheia a geometrias
       pelo passo ante passo –
       ancoradouro de mim.

Da artesã

falta mar para os barcos de Rita
falta céu para o seu avião
e, no entanto, ela os constrói
cheia de desejo,
estudando-lhes a melhor forma,
observando-os com cuidado
pensando sobre eles
cheia de desejo.

quando Rita se for
seus barcos e avião
viajarão na rota
dos versos
e do esquecimento.

Alter face

É tarde, e talvez muito cedo
para os labirintos tesos do Poeta:

estranheza do mundo
num copo d'água.

É tarde, meu bem.
Nem o relógio se atreve a marcar as horas,
e, na sala de estar, pairam os veros nocivos.

É tão tarde, meu bem,
os sustos e os prazeres
estão de mal comigo.

É tarde, Poeta:
      não há teorias
      nem críticas
      nem vanguardas
      nem o farol da teimosia do sonho.

O que há é um resíduo,
um sintoma de poema,
um apenas.

É tarde, amor,
a cama a caneca

de café a televisão
se despem e
se recolhem.

Gastrite dor de cabeça
mau funcionamento dos rins,
é tarde
vida e sono,
é tarde.

Mais seguro dormir e
esperar que tudo se
recomponha como
no primeiro início
do instante inabitado.

Da rua e do sonho

Uns olhos passeiam pela rua
sem olhá-la

A rua não guarda culpas:
é inocente no seu crime de rua noturna.

Quebra e se recompõe,
a rua prolongável
onde eu nasci.

Nela, há cocô de cavalo,
     há mancha de óleo na esquina
     há o cheiro da virilha
     das filhas de Seu Tarcísio.

Alarga mundos,
reinscreve as Estações,
a rua prolongável
onde eu nasci.

Do nascimento

Sei-me fiel
ao poema que não nasceu,
à sua forma ausente,
à carnadura de seu futuro
em mim.

Sei-me fiel ao
sistema metafísico
do poema que não nasceu.

Mordo o encanto
do seu silêncio
e o lanço sobre os prédios
fartos de televisão,
    sobre as luzes sorridentes,
   sobre o tempo que não passa,
sobre a hora que não fica.

Teatro

Em nós, certa substância
de alegria não se define,
mas determina o sorriso opaco.

Em nós, silêncio e lágrimas
se precipitam feito
centelhas de fogo no
mistério cosmogônico.

Brinco de ser eu,
e tudo parece se conformar
na fumaça dos dias.

Se há ou não sinais vitais,
se vão ou não as estações
e com elas as surpresas,
isso pouco importa.

Sigo representando a
personagem que sou
no fosso de dentro de mim.
Curvo-me à plateia,
artista que sou
no poço do centro de mim.

Pausa para um beijo

Moléculas musicais
lambem a silhueta
dos corpos invisíveis
onde tudo ferve
para além do calor.

Ninguém pediu
para que eu beijasse,
e eu beijei mesmo assim.

Mas o beijo se recusou culpado,
ferido de outro beijo,
e um terceiro beijo
desejou se permitir.

Você é bonita como
o contracanto,
como a quebra de ritmo,
como a melodia
cujo som
é a sensação apenas.

Esse poema, por isso,
não beija nada
senão uma ideia,
    um anseio,
       uma memória.

Que assim tudo está direito
sobre a mesa vazia
qual o beijo, suspenso,
na língua da poesia.

Ânimo

O pregador discursa.
Uns ouvem, outros dormem.
Eu, remediado, desejo pouco:
crer.

Palimpsesto

O tom das buzinas
da cidade solitária.

A morte do canto
do pássaro
na extinta lagoa.

A elevação da beligerância,
a revelação da inconstância,
mata em fogo, com ânsia.

Da esperança

Me perdi num movimento eterno,
num moinho eterno,
e nenhuma inconsciência
se acendeu
para me dar pistas de quem eu era.

E quem eu era?

    Uma espera desde a manhã
   despertada até o crepúsculo.
  Uma divindade dissociada.
Uma mágoa de nascer.

Aviso

Não há evento
tão definitivo
a ponto de fazer
todas as laranjeiras
deixarem de florir
ou todas as
rodas deixarem
de rodar ou
todas as lágrimas
escoarem de uma
só vez,
posto que
cada susto
inaugura
um sentido.

Aviso II

Não desprezes
tuas venturas vãs,
nem condiciones
um outro instante possível
a este, que, tão cedo,
se esvai.

Lembras de que tudo
é arremedo,
e, sobre a linha invisível,
vai-te equilibrando
sem medo.

De volta à palavra

O poeta toma da talhadeira
e vai esculpindo o papel:
retira excessos do vazio,
molda, com mãos operárias,
o primeiro bruto pensamento
até conferir-lhe uma magia
e figurar-lhe possibilidade tátil
e coletiva e estranhamente
humana.
E extrai, do inferno avulso
do papel em branco,
um monumento, uma palavra,
um animal castrado, um vigor,
um valor venal, um cadáver.

E já, então, é a palavra
a esculpir o poeta.

Recomeço

Quando a razão se despedaça,
reapareço cantando.
É a luz dessa ruptura que
me faz caminhar por entre
olhares mudos,
dançar com os indizíveis,
ignorar as buzinas
dos carros de passeio,
atravessar a multidão difusa,
e navegar
sobre um mar de rosas belas
e sem perfume,
rosas belas.

É dado amar

Ausente é o poema de si,
ausente, também, de nós.

Da sua parte, nada tem a ver
com a má sorte dos meus amores,
nem com o passado nebuloso
ou com o futuro dispensável,
nem mesmo com este agora,
tão difícil de vencer.

Não pode ser responsabilizado
pela esquizofrenia nossa
de cada dia, mais sintomática
do que doentia.

O poema não estava
quando o poeta se
apaixonou por mim,
nem quando ele
degustou o meu rim,
nem quando zombou
do meu verso ruim,
nem quando cravou
sua agulha sem fim
em meu dente cariado.

Esta obra foi produzida para a Editora Malê em outubro de 2024, em Ano Pro Light 13, impressa na gráfica Trio em papel pólen bold 90.